Las leyes de Murphy del embarazo
(y de todo lo que viene después)

Las leyes de Murphy del embarazo
(y de todo lo que viene después)

MIRIAM SIMCOVICH • WALTER DUER

VERGARA
GRUPO ZETA

Barcelona • Bogotá • Buenos Aires • Caracas • Madrid • México D.F. • Montevideo • Quito • Santiago de Chile

Simcovich, Miriam - Walter Duer
   Las leyes de Murphy del embarazo (y de todo lo que viene después) - 1a ed. -
Buenos Aires : Javier Vergara Editor, 2006.
   144 p. ; 23x15 cm.

   ISBN 950-15-2381-0

   1. Humor Argentino. I. Título
   CDD A867

Las leyes de Murphy del embarazo (y de todo lo que viene después)
Miriam Simcovich • Walter Duer
1ra edición

© Miriam Simcovich • Walter Duer, 2006

© Ediciones B Argentina S.A., 2006
para el sello Javier Vergara Editor
Av. Paseo Colón 221, piso 6 - Ciudad Autónoma
de Buenos Aires, Argentina
www.edicionesb.com.ar

ISBN-10: 950-15-2381-0
ISBN-13: 978-950-15-2381-2

Dirección editorial: Carolina Di Bella

**Impreso por Printing Books, Mario Bravo 835, Avellaneda,
en el mes de agosto de 2006.
3.200 ejemplares.**

Queda hecho el depósito que establece la Ley 11.723.
Libro de edición argentina.
No se permite la reproducción total o parcial, el almacenamiento,
el alquiler, la transmisión o la transformación de este libro,
en cualquier forma o por cualquier medio, sea electrónico
o mecánico, mediante fotocopias, digitalización u otros métodos,
sin el permiso previo y escrito del editor. Su infracción está
penada por las leyes 11.723 y 25.446.

*Para Laura y Juan Manuel,
donde quiera que estén.*

*Para mis hijos, Nahuel y Cecilia,
que me dictaron cada palabra de este libro,
y... para Rubén, mi co-piloto.*

índice

Capítulo 1
El embarazo • 11

Capítulo 2
El parto • 25

Capítulo 3
Los primeros tiempos • 35

Capítulo 4
**Dormir o no dormir,
ésa es la cuestión** • 47

Capítulo 5
Las comidas • 57

Capítulo 6
**Accidentes, enfermedades
y la visita al pediatra** • 69

Capítulo 7
De juegos y juguetes • 79

Capítulo 8
**Las crianzas
y reglas de conducta** • 89

Capítulo 9
El jardín, bendito sea • 101

Capítulo 10
Las ansiadas vacaciones • 113

Capítulo 11
**Los niños y el trabajo
(de los padres)** • 127

› # capítulo 1
el embarazo

* Primera Ley del Embarazo

La negativa de los bebés a venir al mundo es directamente proporcional al intento que los padres hacen por traerlo.

* Segunda Ley del Embarazo

Los futuros padres siempre quedarán sorprendidos por el resultado del test de embarazo, como si no hubieran sabido lo que estaban haciendo.

* Corolario de la Segunda Ley del Embarazo

Las futuras madres no quedarán sorprendidas, porque sabían perfectamente lo que estaban haciendo.

* Regla de Smith del Menor Esfuerzo

Aunque antes del embarazo la mujer haya sido Medalla de Platino en lucha libre, a partir de la tercera semana de gestación ya no podrá hacer ni el más mínimo esfuerzo. Mucho menos, lavar los platos.

* Lema de Yamamoto sobre Embarazo y Tintorería

Lo único que explica que un hombre pueda ser tan insensible como para preguntarle a una embarazada si se acordó de retirar la ropa de la tintorería, es que no es él quien lleva la panza.

* Ley de Socolansky

Toda embarazada descubrirá que tiene síntomas, síndromes y malestares que no figuran en ningún libro (y de los que su obstetra no escuchó hablar *jamás*).

El embarazo

* Comentario de Rimolov sobre la Ley de Socolansky

La Ley de Socolansky se cumplirá con toda su fuerza cuando se trate de primerizas.

* Regla de Wasting

Toda embarazada se propondrá firmemente que sus hijos no sean malcriados como los hijos de los otros.

* Primer Axioma de Nivelación hacia Abajo (Negación de la Regla de Wasting)

Cuanto más se proponga la madre durante el embarazo que sus hijos no sean malcriados como los hijos de los otros, mayor es la probabilidad de que sean peores.

* **Ley de Greene y Buffay**

La mejor amiga de una embarazada siempre será otra embarazada, aunque nunca se hayan visto.

* **Regla del Onirismo Improbable**

Siempre que la embarazada suba a un transporte público, los pasajeros sentados caerán en un estado de sopor inexplicable.

* **Ley de Pérdida de Amigos durante la Gestación**

La embarazada explicará ilustrativamente a todo el mundo cada visita al obstetra, señalando cuánto aumentó de peso en los últimos diez días, cuál es su dieta alimenticia y cómo se le hinchan los pies, entre otros tópicos.

⁎ Regla de Ingalls

La capacidad de atención del futuro padre respecto de la embarazada es inversamente proporcional al real malestar que ésta sufra.

⁎ Comentarios a la Regla de Ingalls

a. Si la embarazada se queja por tonterías, obtendrá del futuro padre atención de primer nivel e, incluso, recibirá un regalo "para que se mejore".

b. Si la embarazada se lamenta por dolencias o malestares *realmente serios*, como hemorroides, acidez, hinchazón, dolor de espalda, incontinencia o línea negra del ombligo, no recibirá atención alguna y será acusada de quejarse por tonterías.

* Ley de Stern del Requerimiento Impreciso

Todas las embarazadas sentirán algún *pequeño* antojo durante la gestación, aunque más no sea para "despuntar el vicio".

* Comprobación de la Ley de Stern (Ley de Mc Donalds)

La manera de saber si el futuro padre *realmente* quiere al bebé, es pedirle que salga a comprar sandwiches de miga de jamón con palmitos a las tres de la mañana.

* Compulsive Shopping Rule

Por cada "n" objetos, prendas o juguetes que la embarazada adquiera durante sus excursiones de shopping "para el bebé", comprará al menos "n+5" objetos o prendas para uso propio.

El embarazo

* Teorema de Bigtail

Por más esfuerzos que haga el futuro padre por demostrar su amor y deseo, toda embarazada pensará en algún momento que su pareja ya no la quiere porque está gorda y que anda con otra.

* Demostración por el absurdo del Teorema de Bigtail

Si el futuro padre demuestra demasiado amor y deseo, la embarazada pensará que es para disimular que ya no la quiere porque está gorda y que anda con otra.

* Conclusión de Gray sobre la Selección Cromática

Mientras más liberada e intelectual sea la mujer, más le costará resolver dilemas tales como: "ajuar: ¿amarillo o blanco?".

* Presunción de Euduvigio

El nombre que lleve el niño influirá decisivamente en su carácter, sus tendencias y sus hábitos de consumo.

* Comentario de Eleuterio a la Presunción de Euduvigio

Hay que observar con atención especial los recursos que usan en algunos países, donde es posible ponerle a un hijo como nombre "Viva Zapata" o "Triunfó Peñarol".

* Ley de Varano

Ningún manual de nombres traerá la explicación de por qué los hombres se empecinan en que su hijo se llame igual que ellos.

* Ley de XY

La sabiduría popular desarrollará astutos ejercicios para saber el sexo del bebé antes del parto, como la "redondez de la panza", la aparición de manchas en la palma o dorso de las manos, o la forma de la nuca de la madre.

* Corolarios a la Ley de XY

a. Cuanto mayor sea el interés de los padres en saber el sexo del bebé antes del parto, más sutileza desarrollará el niño para ocultarlo.

b. Cuando los padres no demuestren el menor interés en saber el sexo del niño antes del parto, el niño deberá aparecerse desnudo en sueños, mostrarse obscenamente en las ecografías o enviar mensajes en código morse para informarlos.

* Ley de Socker

Todo movimiento sencillo dentro de la panza, como chuparse el dedo o rascarse el cordón, se usará como prueba irrefutable de que años más tarde, el niño será el nuevo número 10 del Barcelona.

ojos de niño

* Ley de la Inexplicabilidad de los Sucesos

Cuanto más tranquilo esté yo en la panza, mayor es la probabilidad de que mi mamá sienta deseos irrefrenables de comer coliflor o ensalada de porotos.

* Regla de la Inexplicabilidad de los Sucesos Menores

Me resulta difícil entender por qué he recorrido todo el proceso de llegar a esta vida sólo para descubrir que no me gusta el ajo.

capítulo 2
el parto

* Ley de Lamazevich

Ante las primeras contracciones, la futura madre descubrirá que el futuro padre tenía razón: el curso pre-parto sirve sólo para que las embarazadas se hagan íntimas amigas de otras embarazadas, que después de dar a luz no volverán a ver.

* Ley de Kimble

En todos los casos, la partera y/o el obstetra que ofrecieron atención personalizada deberán partir hacia un congreso en el exterior, dos días antes de la fecha de parto.

* Corolario a la Ley de Kimble

Si tanto la partera como el obstetra se encuentran en la ciudad el día del parto, estarán en el parto de otra.

* Axioma 1 del Parto

El parto del niño propio siempre será algo sorprendente e inesperado, aunque los padres se hayan preparado durante 9 meses.

* Comentario al Axioma 1 del Parto

Para la madre, lo más sorprendente e inesperado del parto, es que es real.

* Teorema de Samsonite

Cuanto más tiempo de preparación tenga el bolso y cuántas más veces se lo revise, mayor es la probabilidad de que los padres descubran —ya en la clínica— que han olvidado cosas tan obvias como el camisón o el cepillo de dientes.

* Lema de Dilateo

En el parto propio las cosas siempre serán muy diferentes de las que nos contaron, o de lo que nos dijo la partera.

* Negación de Contraecio al Lema de Dilateo

Cuando la flamante madre haya tenido varios hijos descubrirá que, en realidad, todos los partos son bastante parecidos.

* Ley del Paso Restringido

Las ganas del padre de participar en el nacimiento de su hijo serán directamente proporcionales al tamaño del cartel que le prohíbe la entrada a la sala de partos.

* Regla de la Unicidad Humanitaria

La única ocasión en que los obstetras, parteras y anestesistas se muestran como seres humanos cálidos y sensibles, es en el parto de sus propios hijos.

* Ley del Coloquio Imperante

La mejor ocasión que tendrá la flamante madre de contar con pelos y señales cómo fue el parto, será ese mismo día cuando lleguen las visitas.

* Comentario a la Ley del Coloquio Imperante

La ocasión mencionada en la Ley es única. Si se desaprovecha por cansancio, porque la cesárea le prohíbe hablar o cualquier otra razón, habrá que callar para siempre.

* Lema de Mengelev

Los padres comprenderán cuál es el *verdadero* sentido de la vida de la "enfermera jefe", cuando no sepan cómo sacarse de encima a las visitas molestas.

* Conclusión 1 de las Leyes de las Transformaciones

El nacimiento de un bebé transforma a padres autoritarios y maniáticos en abuelos babosos.

* Conclusión 2 de las Leyes de las Transformaciones

La primera noche en el sanatorio, después del parto, transmutará a la enfermera de turno en el "Hada Madrina".

* Ley de Manipulación de Fluidos

Quien diga que no le da al menos un poco de asco atender a las primeras expresiones del bebé (cordón umbilical, vómitos, meconio y/o caca) miente descaradamente, o es pediatra.

* Axioma de Woolite

A pesar de las detalladas instrucciones, los únicos que encuentran sencilla la limpieza del cordón umbilical son los pediatras.

* Simetría de las Fragilidades

El traslado a casa con el bebé, los regalos, el bolso y los puntos de cirugía guarda una sorprendente semejanza con el traslado de una cristalería por un camino de montaña.

ojos de niño

* Ley de Insatisfacción Intelectual

Cuanto más necesito que me respondan preguntas básicas como qué es ésto, qué hago acá y por qué me trajeron, más se empeñan los adultos en poner cara de bobos y decir "buchi-buchi".

* Ley de Insatisfacción física

La necesidad de todo el mundo de agarrarme los dedos de los pies es inversamente proporcional a mis ganas de que me dejen en paz.

* Regla del Descubrimiento Originario

Lo único bueno que se encuentra de entrada en este mundo es una cosa grande a la que llaman teta.

capítulo 3

los primeros tiempos

* Ley de la Primera Ausencia

Aunque los padres hayan preparado durante meses la habitación, la cuna y el ajuar, cuando lleguen al hogar con el bebé, siempre faltará algo tan elemental como el óleo calcáreo.

* Ley de Garbbagge

La cantidad de nueva basura generada en la casa a partir de la llegada del bebé (algodones, apósitos, pañales sucios, "cotonetes", trapitos para limpiar el vómito, envases, bolsitas, cremitas, cajitas, etc., etc., etc.,...) es inversamente proporcional al tamaño de éste.

* Regla de Bacon

A partir del nacimiento del niño, los padres comprenderán porqué les aconsejaron *tanto* que antes del parto fueran al cine.

* Recomendación de Simmons

Las siestas del bebé, durante el día, no excederán los 20 minutos. Es tiempo más que suficiente para que los padres puedan ir al baño o comer un sandwich.

* Análisis de Mc Donald sobre la Recomendación de Simmons

Los padres nunca podrán ir al baño o comer un sandwich durante el día, porque en los 20 minutos que dure la siesta del bebé llegarán todas las visitas, con regalos para cuando el niño entre a la Facultad.

* Ley del Movimiento Oscilatorio

Cada vez que el bebé quede plácidamente dormido, algún pariente insistirá con cargarlo.

* Axioma de Sand

Cuanto más liberada e intelectual sea la madre, mejores argumentos encontrará para que el bebé duerma toda la noche en la cama con ella.

* Ley de Exclusión Cuasi-Voluntaria

Todo padre se sentirá excluido en la relación *madre-hijo*. Sin embargo, cuando advierta quién se levanta todas las noches para dar la teta y cambiar el pañal, descubrirá que las cosas tienen su equilibrio.

* Ley de Smeler

Hasta el padre más colaborador sentirá náuseas frente al primer cambio de pañales en casa.

* Corolario a la Ley de Smeler
(Ley de la Transmutación Política de Familiares Indirectos)

Ante el primer cambio de pañal en casa se producirá una revalorización de la suegra, que pasará de ser "esa vieja que se mete en todo" a "una ayuda invalorable"

* Ley de Benson

Ningún padre se ofrecerá voluntariamente a cambiar los pañales.

* Corolario de Hedges

Toda vez que un padre se ofrezca voluntariamente a cambiar los pañales, el bebé tendrá diarrea.

Los primeros tiempos

* Ley Trossmann de Equilibrio Cromático

El bebé vomitará leche encima de su madre cada vez que ésta vista algo oscuro y le hará caca encima cada vez que se ponga algo claro.

* Ley de Simetría Nuclear

El primer baño del bebé guarda similitud con la manipulación de una bomba de plutonio por parte de un boxeador (con los guantes puestos).

* Ley de Johnson

La duración del primer baño del bebé será inversamente proporcional al tiempo que llevó prepararlo, incluyendo el traslado al baño de todos los trastos.

* Ley de Avituallamiento Preventivo

En los primeros meses, la leche para la mamadera y los pañales descartables se terminarán indefectiblemente el domingo por la tarde. Cuando los padres sean más experimentados, se acabarán el sábado por la noche.

* Regla del Onirismo Asimpático

Los padres tratarán por todos los medios de dormir al bebé y, cuando lo consigan, le contarán a todos lo lindo que es despierto.

* Teorema de Barney

La mejor evidencia de que superamos la infancia es que ningún padre entiende por qué su hijo se aferra a *ese muñeco* descosido y roñoso.

Los primeros tiempos

* Lema de Copper y Field

El último lugar donde se busque el chupete será el elegido por el niño para esconderlo.

* Primera Ley de los Prodigios

Aunque el niño sea todavía muy pequeño, los padres notarán de inmediato su innata simpatía, su destreza para todos los deportes y su habilidad para explicar la raíz cuadrada del cubo.

* Axioma de Palance

Aunque familiares, amigos y vecinos manifiesten el asombro correspondiente ante cada logro, los únicos realmente desconcertados por ver cómo crece el niño serán sus padres.

ojos de niño

* Regla de Up Al-Alha

La única explicación acerca de porqué los padres llaman "pepé" al zapato y "babau" al perro, es que mi nacimiento les debe haber producido un estado catatónico que les traba la conexión del cerebro con la lengua.

* Ley de la Engañifa Pedagógica

Los padres son criaturas muy particulares, que tratan de convencernos de que dormir solo en una cuna enorme es mejor que dormir calentito en la cama de ellos, o que esta porquería de puré puede ser rica.

* Ley de la Transportación Física

Los padres deben comprender que teniendo unos brazos tan grandes y confortables para hacer "upa", ningún niño encuentre motivos para caminar y cansarse.

capítulo 4

dormir o no dormir, ésa es la cuestión

* Primera Ley de Bedking

Todos los niños duermen toda la noche, menos el propio.

* Segunda Ley de Bedking

Cada vez que el niño se duerma temprano, alguien llamará por teléfono o tocará el timbre, y lo despertará.

* Tercera Ley de Bedking

El traspaso de moisés a cuna o de cuna a cama significará siempre un cambio *tan grande,* que el niño estará plenamente justificado a despertarse toda la noche. Durante varios años.

* Regla de la Protección Elemental

Cuantos más caros y sofisticados sean los accesorios que los padres compraron para evitar que el niño se caiga de su camita, más resultado dará rodearla de almohadones.

* Primer Corolario de la Regla de Protección Elemental

Los padres comprenderán que, para el niño, caerse de la camita es una excelente excusa para pasarse a la "cama grande".

* Segundo Corolario de la Regla de Protección Elemental (Lema de Ptolomeo)

Al dormir en la misma cama con el niño los padres comprenderán que el viejo refrán que indica que "el que se acuesta con chicos amanece mojado" es un tibio eufemismo para expresar "una noche en Venecia".

* Ley de Horizontalidad Voluntaria

El niño dormirá toda la noche en su camita, salvo cuando, por alguna razón, los padres deseen *especialmente* que duerma toda la noche en su camita.

* Ley de Petri

El niño siempre encontrará excelentes excusas para no dejar dormir a los padres, según la etapa en que se encuentre: salida de dientes, resfríos, pesadillas, caída de dientes, o un examen de Diseño III.

* Regla de Kimble

La cantidad de persecuciones, gritos y llantos que provoque el niño a la hora de dormir es directamente proporcional al tiempo que llevará despertarlo a la mañana siguiente.

* Lema de Frogelnstein

El niño estará profundamente dormido en cualquier lado hasta que el padre amague con acostarlo. Entonces abrirá los ojos y preguntará, despiertísimo: ¿cómo continúa el cuentito de la rana?

* Ley de Wood

Para compensar las noches en que no quiere dormir cómodamente instalado en su camita, con su osito y la luz tenue, el niño caerá como desmayado en las situaciones más inesperadas, como por ejemplo una función de circo o un recital de rock en la vía pública.

* Regla de Apagado Automático

Los padres comprobarán que sus niños son "On-Off": se resisten encarnizadamente al sueño hasta que paran unos segundos para respirar, y entonces se descubre que ya se durmieron.

* Ley de Allen

Cuanto más dormilón sea el niño, mayor será el placer que sentirá al desvelar a los padres toda una noche.

* Lema de Englund

Los niños insistirán en quedarse a ver *esa película*, porque luego la utilizarán como excusa para despertarse toda la noche con pesadillas.

* Enunciado de Peters

Los padres no volverán a dormir toda la noche hasta que el niño se case, salvo que el niño se vaya a vivir solo aún soltero.

* Ley de Exaltación Lariana

Los padres comprenden qué es eso de que los hijos son la alegría del hogar, por la sensación que experimentan cuando finalmente se durmieron.

ojos de niño

* Esquema de Colaboración

Cuando los padres se quedan solos, se aburren tanto que se van a dormir. Debemos ayudarlos y entretenerlos, manteniéndonos despiertos tanto como podamos y apelando a cualquier sistema: pedir "pis" y "jugo" veinte veces, hacer sombras chinas con la luz del velador, o abrirnos los ojos con las manos.

* Presunción sobre Ocultismo Noctámbulo

Las cosas más interesantes de la vida pasan una vez que me duermo.

capítulo 5
las comidas

Las comidas

* Ley de Generalización de la Ingesta

Todos los niños comen de todo, menos el propio.

* Ley de Meatloaf

Cada vez que la madre prepare "pollito", el niño dirá que quiere "carnecita" y viceversa.

* Extensión de la Ley de Meatloaf

La Ley de Meatloaf se aplica con los postres (chocolate y vainilla) y con cualquier otro par de alimentos.

* Regla de Trent

El entusiasmo del niño por la comida es directamente proporcional al enchastre que puede hacer con ella.

* Ley del Entero Fragmentario

Las madres experimentadas saben hacer "torrecitas" de puré o "rueditas" de salchicha. Pero es conveniente consultar antes la opinión del niño, porque luego de ver las rueditas de la última salchicha, invariablemente dirá (enojadísimo): "¡Yo la quería entera!".

* Teorema de Cadbury

Aunque oficialmente el criterio de un niño sobre la comida adecuada difiera enormemente del de sus padres, en algunas ocasiones existe coincidencia, que se debe mantener en secreto.

* Demostración por el absurdo del Teorema de Cadbury

Encuentre un padre que prefiera el bife de hígado al chocolate. Si no lo halla (y no lo hará) el teorema queda demostrado.

Las comidas

* Ley de Savory

Cuanto más insista la madre en lavar las manos de su hijo antes de comer y conservar la higiene de alimentos y utensilios, más disfrutará el niño con ese choripán grasiento que siempre le compra el abuelo en el puestito de la plaza.

* Lema de la Ilusión Óptica

Los padres más astutos, que saben que el niño rechazará la sopa en el plato blanco y con la cuchara redonda, siempre tienen a mano un plato con conejos y una cuchara "de avioncito".

* Ley de Digest-Ión

Los padres ingeniosos encontrarán nombres originales y seductores para los alimentos, para persuadir al niño a que los coma. Así, en la mesa aparecerán bocaditos de la superpoderosa "Bellota" (los súper-congelados de brócoli) o el puré de Dexter (hecho con zapallo).

* Corolario de la Ley de Digest-Ión

Es conveniente explicarle al niño la verdad, antes de que llegue a la edad en que pueda dirigirse solo a un comercio a comprar "bocaditos de Bellota" y sufra un fuerte desengaño que afecte su confianza en los adultos. Por ejemplo, los 21 años.

* Axioma de Pedemontt

La única explicación posible para que un niño bien educado haga bolitas de miga de pan y se las tire al mozo, es que los restaurantes provocan efectos indeseables en los niños.

* Conclusión de Vers

Cuanto más caro sea el vestido o traje que tenemos puesto, mayor es la probabilidad de que resulte irreversiblemente manchado con helado de palito.

* Ley de Buttman

El niño siempre dará a guardar su caramelo pegoteado a su madre, cuando lo único que ésta tenga a mano para envolverlo sea un pañuelo de seda italiana.

* Axioma de Gascón

Los niños pueden diferir en clase social, educación y religión, pero todos sucumben ante los chizitos.

* Ley de la Creación Espontánea

Los niños encuentran siempre una manera de demostrar a sus padres que son creativos, pintando artísticamente la mesa con ketchup o haciéndose un increíble jopo con puré.

* Ley de Mac Arthur

Cada vez que los padres pretendan conversar sobre política internacional, el niño insistirá en que le corte "carnecita", le sirva "tomatito" y seque *cataratas* de "juguito".

* Corolario a la Ley de Mac Arthur

En virtud de la regla anterior, los únicos que durante una comida pueden hablar sobre política internacional, serán los niños.

* Comentarios a la Ley de Mac Arthur

La manera en que los padres podrán comer y charlar con amigos sobre política internacional es reunir previamente a todos los niños, darles de comer y encerrarlos en un placard. Amordazados.

* Lema de Peters

Los padres recordarán qué es el sabor de la comida, cada vez que el niño cene con los abuelos.

ojos de niño

* Primera Ley de las Proporciones No Equivalentes

La porción que le dan al otro siempre es más grande.

* Segunda Ley de las Proporciones No Equivalentes

Las comidas que hacen las mamás de los otros siempre son más ricas.

* Comentario sobre Adquisiciones Postergadas

Si los padres trabajan tanto, no se explica que no puedan comprarnos otro mísero helado de palito.

* Lema de Ericson

El padre que crea que su hijo va a dejar de jugar para venir a comer *sólo* porque lo está llamando, tiene mucho que aprender sobre la vida.

* Ley de NeoFud

Cada tanto, los padres insistirán en que hay que probar comidas nuevas.

Las comidas

* Comentario sobre la Ley NeoFud

Cualquier porquería es digerible, con generosas dosis de ketchup y mayonesa.

capítulo 6

accidentes, enfermedades, y la visita al pediatra

* Ley del Incisivo Fragmentario

Cuanto más se empeñen los padres en cuidar al niño, mayor es la probabilidad de que se parta los dientes.

* Regla de Mars

Cuanto más pequeña sea la porquería que el niño acaba de comer, mayor es la probabilidad de que le cause indigestión, reacciones alérgicas o gastro-entero-colitis.

* Teorema de Swimmers

En pleno verano, el niño se pescará algo contagioso o inmundo justo cuando inviten a toda la familia a pasar un fin de semana en una quinta con pileta.

* Primera Ley de Aprendizaje Repentino

Los padres descubrirán un nuevo significado de la palabra "asco", con la primera diarrea infantil.

* Segunda Ley de Aprendizaje Repentino

Los padres aprenderán otra acepción de la palabra "infarto" cada vez que el niño se atragante con un pochoclo.

* Ley de Cole

Los padres recordarán que fueron pequeños, cada vez que haya que llevar al niño al dentista o a vacunarlo.

* Regla de Generación Espontánea

Cada vez que lleven al niño a una campaña de vacunación masiva, los padres se sorprenderán de ver cuántos *otros* niños hay en el mundo.

* Lema de Cohan

Las visitas al pediatra serán siempre momentos especiales. Para los padres, porque el niño *berreará* como si lo estuvieran linchando y cuando salgan, todos los mirarán con expresión acusadora. Para el niño, porque no entenderá cómo ese hombre lo anda *toqueteando* bajo la mirada complacida de sus padres.

* Primera Ley de Kozak

Cada vez que uno llegue temprano a la cita con el pediatra, éste se habrá demorado con una "operación de urgencia".

* Segunda Ley de Kozak

Cada vez que uno llegue un *poquito* tarde a la cita con el pediatra, éste habrá llegado temprano y habrá utilizado el turno con aquellos que llegaron antes.

* Regla de Constricción Religiosa Pro Dentaria

Los padres encontrarán un verdadero motivo para las plegarias, después de llevar al niño a atender su primera caries.

* Ley de Adams

Cuanto más advierta un padre a su niño sobre la relación dulces-caries, mayor será la probabilidad de que el último se empaste los dientes de porquerías.

* Corolario de la Ley de Adams

La mejor forma de convencer a un niño de lavarse los dientes, es llevar a arreglar una caries a su hermano mayor.

* Ley de la Salud Infantil

Todos los niños alguna vez se enferman.

* Corolario de Unicidad a la Ley de la Salud Infantil

Todo padre sospecha que ningún otro padre comprende su angustia ante la enfermedad de su hijo (un poco de fiebre), puesto que *este* hijo es excepcional.

* Corolario de Expansión de la Ley de Salud Infantil

Ningún padre puede comprender por qué otro padre hace tanto escándalo cuando tiene un hijo con un poco de fiebre.

ojos de niño

* Ley de Bronson

Los chicos tenemos que intentar rompernos la cabeza en repetidas ocasiones, hasta que lo logremos. Eso demostrará a nuestros padres que somos perseverantes.

* Ley de Ford

El mejor lugar para vomitar es el asiento trasero del auto, en particular cuando se trata del auto de alguien que no es nuestro padre (por ejemplo, su jefe).

* Comentarios a la Ley de Ford

En caso de no disponer de un auto ajeno, se puede vomitar en el asiento de atrás del de papá.

* Regla de Climb

Siempre debemos tranquilizar a nuestros padres respecto de nuestra seguridad, demostrándoles que podemos treparnos a alturas cada vez mayores y bajarnos con los dientes.

* Regla de la Deficiencia Aprovechable

Estar enfermo puede ser muy divertido, si los padres nos dejan ver 20 veces la película de Dumbo y, encima, podemos dormir en la "cama grande".

∗ Teorema de la Tercera Generación

Lo malo de estar enfermo es que nos hacen tragar puré y una sopita repugnante. La solución radica en "pedir" a los abuelos, que son mucho más comprensivos y siempre traen chocolate y papas fritas "de bolsita".

∗ Ley de la Mejora Lúdica

Lo mejor de ir al doctor es que después se puede "jugar al doctor".

∗ Comentario a la Ley de la Mejora Lúdica (Ley de Negación Odontológica)

No hay nada de divertido en "jugar al dentista". Por eso, no vemos la razón de tener que ir hasta su consultorio.

capítulo 7
de juegos y juguetes

* Primera Ley de Ruy & Bal

El niño pedirá incansablemente un juguete muy costoso y, cuando lo tenga, terminará jugando, infaliblemente, con la caja.

* Segunda Ley de Ruy & Bal

Cuantos más chiches tenga el niño, mayor es la probabilidad de que termine jugando con un palito que encontró en la calle.

* Lema de Ken

La insistencia del niño por tener un juguete es directamente proporcional a la negativa de los padres a comprarlo.

* Regla de Distracción Automática

El tiempo de entusiasmo del niño respecto a un juguete, es inversamente proporcional a lo que costó comprarlo y/o conseguirlo.

* Regla de Powell

Cuando el niño está jugando tranquilo y en silencio, es porque está planeando alguna calamidad.

* Regla de Collins

Cuando los padres sospechen que el niño está planeando alguna calamidad, éste estará jugando tranquilo y en silencio.

* Corolario a la Regla de Collins

La única excepción a la regla anterior se dará cuando los niños ya consumaron la calamidad, y estén pensando —tranquilos y en silencio— en cómo ocultarla.

* Ley de Tais

La insistencia del niño por andar descalzo en el arenero es directamente proporcional a la cantidad de vidrios, jeringas y preservativos usados que éste contenga.

* Regla de las Grandes Alturas

Cuanto más alto sea el tobogán más *se empacará* el niño en subirlo, y mayor es la probabilidad de que el padre deba ir detrás de él y bajarlo "a upa".

* Regla del Conocimiento Preconcebido

Un padre nunca debe enseñar al niño a utilizar su inalámbrico, la reproductora de video o DVD, ni la computadora. El niño ya lo sabe. Y le enseñó a todos sus amiguitos.

* Lema de Ariston

Los niños son mucho más creativos que los padres. Siempre descubrirán un nuevo uso para cualquier electrodoméstico.

* Primera Presunción de Lantz

Quien diga que los niños no saben jugar solos nunca los vio saqueando a escondidas el placard de los padres para disfrazarse de Aladino o de oso panda, con sus trajes de seda importada.

* Segunda Presunción de Lantz

Quien crea que el invento más importante en la historia del hombre es la rueda, todavía no conoce esa plastilina que no se pega a la ropa, los muebles o el piso.

* Regla de la Teleradiodifusión Necesaria

La televisión y los videos cercenan la imaginación del niño, coartan su espíritu lúdico y limitan su creatividad. Salvo cuando los padres tienen que recuperarse durante un rato de la imaginación, espíritu lúdico y creatividad de los niños.

* Comentario de Taylor

El principal enemigo de la unidad familiar no es la televisión, sino el tambor.

ojos de niño

* Regla de Inequitatividad de Recursos

El chiche que tiene el otro siempre es mejor.

* Regla del Espacio Multimedial

La cama de los padres es un lugar donde se pueden hacer cosas muy interesantes, como limpiarse los pies de arena, jugar con masa o volcar jugo.

* Regla del Poder Osmósico

Los padres nunca entenderán que ningún niño puede enfrentar al mundo con la cabeza erguida sin la remera de Dexter o Las Chicas Superpoderosas.

* Corolario a la Regla del Poder Osmósico

Cuando los padres entiendan la regla anterior y nos compren dos o tres remeras de Dexter o Las Chicas Superpoderosas, éstas se habrán dejado de usar. Ahora, ni loco me pongo esa porquería pasada de moda!!

* Ley de Gratia Interruptus

Siempre que uno esté jugando con algo interesante, los padres dirán que es peligroso, "hace mugre" o molesta al vecino.

* Regla de la Ornamentación Ficticia

Cuanto más lindo y colorido sea el envoltorio de un regalo, mayor es la probabilidad de que adentro haya ropa interior.

capítulo 8

las crianzas y reglas de conducta

* Regla de Negación Inconsciente

La mejor manera de conseguir que el niño haga algo es insistir con que no debe hacerlo.

* Negación de la Regla de Negación Inconsciente

Cuando los padres comprendan cómo funciona la regla anterior e insistan en que el niño *no debe* bañarse, ésta dejará de funcionar, ya que el niño consentirá con que es más divertido estar todo *roñoso*.

* Definición de Williams

Los hijos de los otros gritan. El nuestro se expresa.

* Lema de Holyfield

El niño siempre pedirá "con papá" cuando éste acabe de salir, esté en el baño o peleando con un vecino.

* Ley de Streep

Las dotes histriónicas del niño nunca se pondrán en evidencia cuando y donde los padres quieren, como por ejemplo en la fiesta del jardín o reuniones familiares.

* Corolario

Las dotes histriónicas del niño sí se pondrán en evidencia en todo aquel lugar donde el padre pase vergüenza a partir de ellas, como la cola de un banco.

* Ley de Simetría Facio-Criminal

La expresión de bondad, dulzura y simpatía que tenga el niño es directamente proporcional a la tropelía que haya cometido.

* Regla de Marconi

Los padres saben que los niños repiten todo lo que escuchan, pero lo recuerdan siempre frente a los vecinos o los cuñados.

* Axioma de Crianza Repetitiva

Los padres nunca deben intentar repetir en sus hijos su propia crianza. Eso surge espontáneamente.

* Presunción de Grimm

La mejor forma (y la única) de comprarle zapatos al niño, es transportarlo al negocio amordazado y maniatado, con la pierna extendida.

* Comentario a la Presunción de Grimm

La Presunción de Grimm es especialmente válida para aquellos niños que usen plantillas.

* Regla de la Incomprensión Recíproca

Ningún padre entiende cómo otros padres permiten que su hijo haga "esas cosas".

* Ley de Sopap

Todo padre sentirá deseos irreflenables de acogotar al niño, en particular cuando éste se empaque en la cola del supermercado, insulte creativamente a sus ancestros frente a los padres de sus amiguitos, o haga despliegue de sus dotes escénicas en un restaurante.

* Ley del servicio penitenciario federal

Siempre que quede en el deseo, no tiene nada de malo que de vez en cuando los padres quieran acogotar al niño.

* Primer Axioma de las Terceras Partes

Los abuelos, tíos, vecinos y conocidos siempre aconsejarán a los padres qué hacer con el niño, respecto a cualquier cosa.

* Segundo Axioma de las Terceras Partes

Ante cualquier discusión entre los padres y el abuelo respecto a la crianza de un niño, el abuelo consultará a un vecino.

* Teorema de Cottish

Hay lugares, como los supermercados, que tienen la singular virtud de transformar a niños pacíficos y obedientes en desaforadas bestias de consumo masivo.

* Lema de Troianni

Los padres considerarán que los niños son molestos, gritones y caprichosos hasta que empiecen a imitar a papá cuando se afeita o a mamá cuando se maquilla.

* Primera Ley de Creación Vocal

Todo padre está convencido de que su hijo tiene ocurrencias increíblemente maravillosas y divertidas, que nunca antes salieron de boca de otros niños.

* Segunda Ley de Creación Vocal

Todo padre considera incomprensible que a otros padres les hagan gracia las tonterías que dicen sus hijos.

ojos de niño

* **Regla de Inequitatividad de Actividades**

   Al otro siempre le dejan hacer más cosas.

* **Regla de los Esfínteres Esporádicos**

   Los mejores lugares para pedir "caca" son la cola del supermercado o el colectivo.

* **Comentarios sobre Barbarie Paternal**

   Los padres amenazan, retan y castigan. Sólo en la tercera etapa están hablando realmente en serio.

* Compromiso Universal respecto de los Comentarios sobre Barbarie Paternal

El niño debe advertir a sus hermanos menores o amiguitos sobre la vigencia de la regla anterior.

* Ley de Comprensión Superior

Los abuelos son seres maravillosos, que nos defienden de la tiranía y la irritabilidad de nuestros padres cuando éstos descubren que guardamos un helado en la guantera del coche, junto con los papeles del seguro.

capítulo 9

el jardín, bendito sea

✱ Principio de Gardiner

Lo bueno de los jardines de infantes es que existen.

✱ Contexto Histórico del Principio de Gardiner

El primer jardín de infantes existe desde que la primera madre estuvo a punto de volverse loca con el primer hijo, y oportunamente le sugirieron que lo lleve a jugar a otra parte.

✱ Contexto Social del Principio de Gardiner

Los jardines de infantes son lugares donde el niño puede jugar con otros, aprender destrezas y canciones, obtener su primer/a novio/a y contagiarse mocos, sarampión, parásitos y piojos.

* Primer Teorema de Witching

Si el niño se adapta demasiado pronto al jardín, es porque:

a. la madre es una *bruja* y el niño se alegra de abandonarla;
b. sólo está empleando una estrategia dilatoria: en algún momento —a mitad del año—, el niño se empacará con que no quiere ir más y hará toda suerte de pataletas en pos de ese objetivo.

* Segundo Teorema de Witching

Si el niño *no* se adapta al jardín, es porque:

a. la madre lo sobreprotege y el niño no sabe enfrentar al mundo solo;
b. está empleando una estrategia dilatoria: en algún momento —a mitad de año— el niño se empacará con que está solo y aburrido

El jardín, bendito sea

y quiere jugar con otros nenes y hará toda suerte de pataletas para ir al jardín.

✷ Regla de Craig

El niño no querrá ir al jardín y tendrá toda suerte de pataletas justo cuando la madre tenga una importantísima reunión en su trabajo.

✷ Axioma de Autosuficiencia

El único momento adecuado para que el niño se adapte el jardín será cuando la madre se resigne a ver que puede arreglarse lo más bien sin ella.

✷ Regla de Burton

Justo cuando la madre se resigne a ver que el niño puede arreglarse lo más bien sin ella, el niño anunciará que a partir de ahora quiere quedarse en casa todo el día porque extraña a mamá.

* Comentario de Facker

A partir del momento en que el niño comience a ir al jardín, su pequeño mundo se verá poblado por amiguitos, "señoritas", mochilas y malas palabras.

* Comentario de Green

Recién cuando los niños comiencen el jardín, los padres comprenderán porqué se los llama "mocosos".

* Ley de Boss

Cuanto más se esfuercen los padres por rotular las prendas que lleva el niño al jardín, más probabilidades hay de que todos lo días pierda una remera.

* Ley de Sale

Cuanto más costoso sea el uniforme del jardín, mayor es la probabilidad de que se vea irreversiblemente manchado con pinturitas, pastas extrañas o lavandina.

* Ley de la identificación negativa

Las madres no deben perder horas identificando cuidadosamente cada prenda que el niño lleve al jardín. Esto sólo estimula al niño a perderla con mayor frecuencia.

* Comentarios a la Ley de identificación negativa

1. La prenda más cara y aquella con la que mayor trabajo se tomó la madre para identificar, será la primera que se pierda.

2. Cada vez que se pierda una prenda nueva y muy costosa, el niño regresará con otra similar, rotosa y sucia, e insistirá empecinadamente en que es la suya.

* Regla de Peare

Los padres despotricarán sobre las fiestas de fin de año del jardín, pero llegado el "Día D" llamarán a los abuelos, tíos y amigos para que vean 5 minutos en escena al niño vestido de "negrito candombero".

* Corolario a la Regla de Peare

Cuanto más despotriquen los padres por las fiestas de fin de año del jardín, mayor es la probabilidad de que lleven cámaras de fotos y de video, y lloren al verlo en escena.

* Comentarios a la Regla de Peare

Lo bueno de las fiestas de fin de año del jardín es que preparan a los padres para un largo futuro de disfraces exóticos que costarán una fortuna y se usarán una sola vez, chicos que ensayarán 20 veces su papel de "negrito candombero" y después no querrán salir a escena, y mucha, mucha, pero mucha gente sacando fotos y llorando.

* Ley de Castoom

Ningún postgrado en el exterior capacita a una madre para preparar un disfraz de "negrito candombero" como el que le hicieron al otro nene.

* Regla de Morgan

Los niños deben demostrar a sus padres que el esfuerzo de enviarlos al jardín no es en vano, mostrando en casa que aprendieron a hacer "masa" y a pegarla en las paredes, cantando eternamente y a voz en cuello "el pollito Lito", o recitando a los abuelos una lista de todas las palabras "malas" que conocieron recientemente.

* Conclusión de Gardiner

Lo mejor de los jardines es que existen.

El jardín, bendito sea

ojos de niño

* Primer Teorema de Desengaño

Es imposible comprender por qué nuestros padres nos van a dejar en el jardín.

* Segundo Teorema de Desengaño

Es absolutamente imposible comprender por qué nuestros padres nos van a dejar en el jardín.

* Tercer Teorema del Desengaño

Una vez que fuimos indefectiblemente depositados en el jardín, lo primero que hay que hacer es averiguar cuándo nos van a venir a buscar.

* Cuarto Teorema del Desengaño

(Negación de los Teoremas 1, 2 y 3)

Es imposible comprender por qué todos los otros nenes se quedan a comer en el jardín y yo no.

capítulo 10

las ansiadas vacaciones

* Regla del Día Después

Todo niño comenzará a preguntar "¿cuándo nos vamos de vacaciones?" al día siguiente de comenzar la escuela (o el día anterior).

* Primera Ley de Insalubridad Vacacional

El niño fastidiará todo el año con que quiere irse de vacaciones, pero dos días antes del viaje caerá enfermo con cualquier cosa que le complique la vida a sus padres.

* Consecuencia de la Primera Ley de Insalubridad Vacacional

La Primera Ley de Insalubridad Vacacional es especialmente válida cuando los pasajes ya hayan sido comprados, el hotel reservado y señado, y en total, se haya gastado el 80 por ciento de lo que se debería gastar durante todo el período de holganza.

* Segunda Ley de Insalubridad Vacacional

En caso que el niño no se haya enfermado dos días antes de irse de viaje, se enfermará dos días después (ya en el destino), lo cual será mucho más divertido para todos.

* Tercera Ley de Insalubridad Vacacional

En las pocas ocasiones en que el niño no se enferme antes, durante o después de las vacaciones... se enfermarán los padres.

* Comentario a las Leyes de Insalubridad Vacacional

Las enfermedades en vacaciones tendrán un "condimento" adicional: no hay cerca pediatras conocidos, farmacias que cubren la obra social, ni abuelas que se queden a la noche.

* Primera Ley de Un-sleep

Cuando los padres decidan comenzar el viaje muy tarde —para que el niño duerma en el auto la mayor parte de la noche—, éste se desvelará con el primer peaje, proporcionándoles 3 horas extra de fastidio.

* Segunda Ley de Un-sleep

Cuando los padres decidan partir de madrugada —estimando que el niño dormirá en el auto la mayor parte de la mañana—, éste se despertará con el primer rayo de sol, proporcionando 3 horas extra de fastidio.

* Regla de Incontinencia Premeditada

Cuanto más insistan los padres en que el niño debe ir al baño antes de subirse al auto, mayor es la probabilidad de que el niño se haga pis encima a mitad del viaje.

* Lema de Closed

Si el niño acepta hacer pis en el lugar en que los padres lo sugieren (es decir, al llegar a una estación de servicio a mitad del camino), ésta tendrá los baños clausurados.

* Axioma de Panam

Si para ahorrar estas y otras complicaciones los padres deciden viajar en avión, el niño tendrá dolor de oídos.

* Comentarios de Sam y Sonite

Ningún padre debe cometer el error de organizar el equipaje para las vacaciones con sus niños. Lo que debe hacer es planificar una mudanza.

* Ley de Freefeet

Cuantos más juguetes, libritos, cremitas y otros trastos lleven los padres a las vacaciones, mayor es la probabilidad de que se hayan olvidado de algo tan elemental como las ojotas.

* Primer Axioma de Weather

Si los padres llevan bronceador, mallas, ojotas, baldecitos y palitas, pelotas, barriletes, tejo y cualquier otra cosa para la vida al aire libre, lloverá 9 de los 10 días del viaje.

* Segundo Axioma de Weather

Cuando llueva 9 de los 10 días del viaje, los padres habrán olvidado llevar cosas tan elementales como juegos de cartas, dados y marcadores.

* Primer Principio de las Distancias Inexpugnables

Durante uno de los dos meses de vacaciones, que la familia se quede en la ciudad, el 99 por ciento de los amiguitos del niño se habrá ido a la playa, la sierra, la montaña o el desierto de Gobi... por lo que el niño no tendrá con quien jugar, y se pasará todo el mes aburrido y fastidiando.

* Consecuencia del Primer Principio de las Distancias Inexpugnables

Si —para que el niño no esté solo— los padres deciden cambiar de mes de vacaciones, el 99 por ciento de los padres de los amiguitos habrá decidido lo mismo, y nuevamente el niño no tendrá con quien jugar, y se pasará todo el mes aburrido y fastidiando.

* Segundo Principio de las Distancias Inexpugnables

Los padres podrán coordinar con otros padres para tomarse vacaciones al mismo tiempo. Al llegar a la playa comprobarán que el 100 por ciento de los amiguitos del niño también está de vacaciones, pero en la montaña, la sierra o el desierto de Gobi.

* Consecuencia del Segundo Principio de las Distancias Inexpugnables

Cuando los padres finalmente consigan reunir a todos los niños en el mismo lugar y al mismo tiempo, comprobarán que para descansar, es más relajante y tranquilo el desierto de Gobi.

* Ley de Angueto

A los pocos días de comenzadas la vacaciones, el niño insinuará que ya está aburrido, que extraña su camita y que quiere volver a casa.

* Refuerzo de la Ley de Angueto

Al promediar las vacaciones, el niño manifestará claramente y en todos los idiomas posibles que está harto, que extraña su camita, sus amigos y sus juguetes, y que quiere volver a casa.

* Regla de Less

A la media hora de estar en casa, el niño advertirá que en el lugar de las vacaciones olvidó las ojotas, la mitad de los juguetes y su malla preferida.

* Lema de la Cuadratura del Descanso

Al regreso de las vacaciones, el niño se olvidará inmediatamente de sus amiguitos y sus juguetes, y se someterá a una cura intensiva de varios días de TV y computadora.

ojos de niño

* **Regla de los Fluidos en Tránsito**

Siempre manifestaremos malestares y/o inconvenientes ante un largo viaje en auto: náuseas, dolor de cabeza, aburrimiento extremo o ganas de hacer pis.

* **Corolario a la Regla de los Fluidos en Tránsito**

Cada vez que los padres desestimen los malestares que estamos manifestando en viaje, vomitaremos sobre las rodillas de alguien, para que vean que "era en serio".

Las ansiadas vacaciones

* Ley de Petro & Brás

Los niños debemos sentir incontenibles ganas de hacer pis, 5 minutos después de haber dejado atrás la única estación de servicio en cientos de kilómetros a la redonda.

* Primera Ley del Esparcimiento Selectivo

Antes de decidir las vacaciones, los padres deben consultarnos si es mejor ir a la montaña, la playa o a un lugar con muchos peloteros y juegos en red.

* Segunda Ley del Esparcimiento Selectivo

Siempre que los padres elijan un lugar con playa, manifestaremos que la habríamos pasado mejor en la montaña, y viceversa.

Las leyes de Murphy del embarazo (y de todo lo que viene después)

* Corolario de la Ley del Esparcimiento Selectivo

Este lugar está bastante pasable. Pero ¿dónde están los peloteros y los juegos en red?

capítulo 11
los niños y el trabajo (de los padres)

* Primera Ley de Grimm

Ningún niño comprenderá que sus padres puedan hacer otras cosas, además de jugar con él y leerle cuentitos todo el día.

* Segunda Ley de Grimm

Si los padres demuestran claramente que además de estar con el niño y leerle cuentitos todo el día deben hacer otras cosas —como trabajar—, el niño caerá enfermo.

* Regla de Roche

Cuanto más complicado sea para los padres faltar a la oficina, mayor es la posibilidad de que los niños se enfermen... con algo contagioso.

* Ley de Nanny

El único día que los padres no puedan *de ninguna forma* faltar al trabajo ni posponer actividades fuera de casa, la niñera se ausentará sin previo aviso, el jardín o el colegio estarán cerrados por desinfección y el niño amanecerá con algo contagioso.

* Ley de Ed'ipo

Cuando alguno de los padres "abandone por cansancio" y acepte quedarse en casa solamente para poder estar con el niño, este se dedicará a jugar todo el día con la compu y a ver tele, ignorándolo olímpicamente.

* Axioma de Nex & Tel

Todo niño llamará al trabajo de sus padres todos los días y en todo momento, por cualquier motivo.

* Corolario al Axioma de Nex & Tel

Luego de una cuidadosa explicación sobre lo inoportuno de las permanentes llamadas del niño al trabajo, los padres lograrán que llame solamente en los peores momentos (cuando el jefe los está reprendiendo, por ejemplo).

* Ley de Dilbert

Todo niño insistirá en que quiere conocer el trabajo y a los compañeros de sus padres.

* Primera Regla de Boss

Cuanto más rápido acepten los padres llevar al niño a sus trabajos, mayor es la probabilidad de que éste se aburra, se porte mal, desordene todo el escritorio y vuelque café sobre el pantalón de sus jefes.

* Segunda Regla de Boss

Cuanto más se resistan los padres en llevar al niño a sus trabajos, mayor es la probabilidad de que una vez allí éste se aburra, se porte mal, desordene todo el escritorio y vuelque café sobre el pantalón de sus jefes.

* Tercera Regla de Boss

Si los padres se niegan terminantemente a llevar al niño a su trabajo, cada vez que alguien de la oficina llame a casa, el niño atenderá antes que nadie pueda llegar al teléfono; se lamentará en un tono simpático y encantador por no haber podido conocerlos todavía, y en general, hará quedar a sus padres como una porquería sin sentimientos.

* Axioma de Leonard

La primera vez que la empresa organice un "family day", el niño se trenzará a golpes con el hijo de su jefe.

* Lema de Magallanes

Todo niño se sentirá terriblemente abandonado por cualquier viaje de trabajo que hagan los padres, aunque éste se realice desde Buenos Aires a La Plata y dure 3 horas.

* Primer Corolario al Lema de Magallanes

Cada vez que los padres se planteen hacer un viaje por trabajo, el niño enfermará gravemente por unas horas.

* Segundo Corolario al lema de Magallanes (Conclusión de Pizarro)

Si de todas formas los padres se van de viaje por trabajo, el niño deberá organizar una despedida lacrimógena, con miradas torvas y acusadoras, y llamadas en la mitad de la noche (hora de allá).

* Ley de Desconocimiento Necesario

Ningún padre debe llamar a su niño sólo para ver si está bien, en especial al inicio de un viaje por trabajo ("cuando el gato se va...").

* Regla de Duty

El costo de cada viaje por trabajo de los padres deberá incluir el de llamadas telefónicas "por cobrar" y regalos de todo tipo para el niño.

* Ley del Intercambio negativo

Cuánto mas caro y complicado de transportar sea el regalo que los padres traigan al niño de su viaje de trabajo, mayor es la posibilidad de que el niño lo canjee en la escuela por un paquete de figuritas o un yo-yo de 25 centavos.

* Ley del Abandono Frente a Multitudes

Cualquier importante reunión de trabajo de los padres coincidirá con una reunión en la escuela, *family day* o clase abierta de cualquier cosa, a la que van TODOS los otros papás.

* Regla del Espejo Retroactivo

Cuanto más se resista el niño a que sus padres trabajen, mayor es la probabilidad de que declaren abiertamente en rueda de amiguitos, que cuando sean grandes van a "trabajar como papá".

ojos de niño

* **Axioma de Negación Laboral Básica**

    No debemos aceptar, jamás, que nuestros padres se vayan a trabajar.

* **Primer Corolario al Axioma de Negación Laboral Básica**

    Si nuestros padres se van a trabajar, aún contra nuestra expresa voluntad, deben prometer traernos helado o figuritas al regreso.

* Segundo Corolario al Axioma de Negación Laboral Básica

No es malo que los padres regresen del trabajo a las 10 de la noche. Eso nos da varias horas para practicar cómo reclamarles el helado o las figuritas apenas ingresen a la casa.

* Tercer Corolario al Axioma de Negación Laboral Básica

Aunque estemos acostumbrados a que nuestros padres se vayan de casa para ir a trabajar, cada tanto deberemos enfermarnos sólo para ver si se quedan con nosotros.

* Regla del Ave Fénix

Si en vista de la grave enfermedad que mostramos, nuestros padres organizan su inasistencia al trabajo, podemos mejorar rápidamente y llorar porque no nos quieren dar chizitos o chocolate y porque queremos ir a la plaza a andar en bicicleta.

* Ley de Negroponte

Con la cantidad de recursos tecnológicos disponibles hoy en día, no se explica que los padres no tengan computadoras, celulares e Internet para —en caso de emergencia— poder trabajar en un rincón de la casa.

* Corolario a la Ley de Negroponte

Cuando los padres trabajen en casa, podremos traer ruidosos amiguitos a jugar, desprogramar sus computadoras y toquetear sus celulares.

Los niños y el trabajo (de los padres)

* Corolario a la
   Ley del Abandono
      Frente a Multitudes

Lo bueno de los padres que trabajan es que se los puede chantajear porque sienten culpa por dejarnos y que tienen más plata que si no hicieran nada todo el día.